BEI GRIN MACHT SICH IHR WISSEN BEZAHLT

- Wir veröffentlichen Ihre Hausarbeit, Bachelor- und Masterarbeit

- Ihr eigenes eBook und Buch - weltweit in allen wichtigen Shops

- Verdienen Sie an jedem Verkauf

Jetzt bei www.GRIN.com hochladen und kostenlos publizieren

OECD-Empfehlungen zur Integration von Flüchtlingen und sonstigen Schutzbedürftigen, soziales Handeln nach Max Weber und das Verständnis der Soziologie von sozialen Gruppen

Sabrina Koyne-Gerdes

Bibliografische Information der Deutschen Nationalbibliothek:

Die Deutsche Nationalbibliothek verzeichnet diese Publikation in der Deutschen Nationalbibliografie; detaillierte bibliografische Daten sind im Internet über http://dnb.d-nb.de abrufbar.

ISBN: 9783346928344
Dieses Buch ist auch als E-Book erhältlich.

Druck und Bindung: Books on Demand GmbH, Norderstedt Germany
Gedruckt auf säurefreiem Papier aus verantwortungsvollen Quellen

Das vorliegende Werk wurde sorgfältig erarbeitet. Dennoch übernehmen Autoren und Verlag für die Richtigkeit von Angaben, Hinweisen, Links und Ratschlägen sowie eventuelle Druckfehler keine Haftung.

Das Buch bei GRIN: https://www.grin.com/document/1383653

Inhaltsverzeichnis

Gender- Hinweis

Zur besseren Lesbarkeit wird in dieser Einsendeaufgabe das generische Maskulinum verwendet. Die in dieser Aufgabe verwendeten Personenbezeichnungen beziehen sich, sofern nicht anders kenntlich gemacht, auf alle Geschlechter.

Abkürzungsverzeichnis

BA	Bundesagentur für Arbeit
BAMF	Bundesamt für Migration und Flüchtlinge
DIHK	Deutsche Industrie- und Handelskammer
OECD	Organisation für wirtschaftliche Zusammenarbeit und Entwicklung
OEEC	Organisation für europäische wirtschaftliche Zusammenarbeit
SGB	Sozialgesetzbuch

1. Soziales Handeln nach Max Weber

Die folgende Aufgabe befasst sich mit dem sozialen Handeln nach Max Weber. Bevor allerdings genauer auf Webers Theorie eingegangen wird, soll erläutert werden, wer die Person Max Weber war und welchen Stellenwert er in der Soziologie einnimmt.

1.1. Max Weber und seine Bedeutung für die Soziologie

Max Weber wurde am 21. April 1864 in Erfurt geboren und verstarb am 14. Juni 1920 in München.[1] Er gilt neben Comte, Durkheim und Marx zu den Mitbegründern der Soziologie. Weber studierte neben Jura und Nationalökonomie auch Geschichte und Philosophie, das Jurastudium schloss er im Jahr 1889 an der Friedrich-Wilhelms- Universität in Berlin als Doktor der Rechtswissenschaften ab.[2] 1893 heiratete Weber die Frauenrechtlerin und Soziologin Marianne Schnitger, 12 Jahre später, im Jahr 1909, ist er einer der Gründer der „Deutschen Gesellschaft für Soziologie".[3]

Seine umfangreichen Interessen zeigen, dass Max Weber der zwar als Vater der Soziologie gilt, jedoch nicht ausschließlich als Soziologe bezeichnet werden kann. Vielmehr kann er als Universalgelehrter angesehen werden, dessen Wissbegier in seine Werke einfloss. So leistete er unter anderem einen großen Beitrag zur Religionssoziologie in dem er die Religionen Chinas, Indiens und des Nahen Ostens untersuchte.[4]

„Wirtschaft und Gesellschaft" gilt als das Hauptwerk von Weber, es wurde von seiner Frau Marianne nach Weber's Tod zusammengestellt und 1922 zum ersten Mal veröffentlicht, später erschien es in vielen Auflagen und mehreren Sprachen.[5] In diesem, mittlerweile Standardwerk der Soziologie, beschreibt Weber unter anderem was er unter dem Begriff des sozialen Handelns versteht. Ebenso lässt sich Weber's Definition von Soziologie in dieser Schrift finden. Hier ist auch sein Bezug zur Rechtswissenschaft zu erkennen, da er diesen Text in Paragraphen unterteilt und ihm somit den Charakter eines Gesetzestextes verleiht.

1.2. Weber's Verständnis von sozialem Handeln

Schon in Max Weber's Definition von Soziologie wird deutlich welche Bedeutung er dem sozialem Handeln beimisst. „Soziologie (hier im verstandenen Sinn dieses sehr vieldeutig gebrauchten Wortes) soll heißen: eine Wissenschaft, welche soziales Handeln deutend

---

[1] Vgl. Weber (2012), Biografie und Bibliografie, 1. Absatz.
[2] Vgl. Pries (2019), S. 63.
[3] Vgl. Weber (2012), Biografie und Bibliografie, 1. Absatz.
[4] Vgl. Giddens (1999), S. 11.
[5] Vgl. Pries (2019), S. 64.

verstehen und dadurch in seinem Ablauf und seinen Wirkungen ursächlich erklären will."[6] Das Verstehen des soziales Handels des Menschen kann demnach als das Grundelement dieser Disziplin angesehen werden.

1.2.1. Handeln vs. soziales Handeln

Weber differenziert zwischen Handeln und sozialem Handeln. Durch diese Differenzierungen ist es möglich unterschiedlichste Alltagssituationen einzuordnen.[7] „>>Handeln<< soll dabei ein menschliches Verhalten (einerlei ob äußeres oder innerliches Tun, Unterlassen oder Dulden) heißen, wenn und insofern als der oder die Handelnden mit ihm einen subjektiven Sinn verbinden."[8] Die Bezeichnung des subjektiven Sinnes meint hier, dass die Handlung eines Individuums mit einem Sinn für ihn verbunden sein muss. Unter Handeln ist damit ein solches Verhalten des Menschen zu verstehen, in dem er einen Zweck sieht.

„>>Soziales<< Handeln aber soll ein solches Handeln heißen, welches seinem von dem oder den Handelnden gemeinten Sinn nach auf das Verhalten anderer bezogen wird und daran in seinem Ablauf orientiert ist.[9] In dieser Definition von sozialen Handeln wird der Unterschied zum Handeln deutlich. Laut Weber's Theorie muss der Handelnde nicht mehr nur einen subjektiven Sinn in seiner Tätigkeit erkennen sondern darüber hinaus bezieht sich das Tun auf das Verhalten anderer und orientiert sich an diesem.

„Soziales Handel (einschließlich des Unterlassens oder Duldens) kann orientiert werden am vergangenen, gegenwärtigen oder für künftig erwarteten Verhalten anderer (Rache für frühere Angriffe, Abwehr gegenwärtigen Angriffs, Verteidigungsmaßregeln gegen künftige Angriffe)."[10] Hier wird deutlich, dass sich soziales Handeln nicht ausschließlich auf aktive Handlungen beziehen muss sondern, dass auch Unterlassen soziales Handeln darstellen kan. Soziales Handeln liegt also auch dann vor, wenn man etwas nicht tut. Ein Beispiel ist der Autofahrer, der an einem Verkehrsunfall vorbeifährt ohne zu zu helfen.

1.2.2. Vier Idealtypen des sozialen Handelns

Um soziales Handeln besser nachvollziehen zu können hat Max Weber vier Idealtypen entwickelt um soziales Handeln kategorisieren zu können . Ein Idealtyp wird laut Anthony Giddens folgendermaßen definiert: „Ein „reiner Typ", der gewonnen wird, indem man bestimmte Merkmale eines sozialen Sachverhaltes isoliert, die nicht unbedingt in der

---

[6] Weber (1984), S.19.
[7] Pries (2019), S. 65.
[8] Weber (1984), S.19.
[9] Weber (1984),S.19.
[10] Weber (1984),S. 41.

Wirklichkeit realisiert sind. Die Merkmale sind Definitionsmerkmale und nicht unbedingt wünschenswerte Eigenschaften. [11] Ein Idealtyp ist somit ein Konstrukt welches als methodisches Instrument genutzt wird, in der Realität werden hingegen eher Mischformen der Idealtypen zu finden sein. Abels merkt dazu an: „Die Unterscheidung der Bestimmungsgründe sozialen Handelns lässt sich nur treffen mit Hilfe solcher Konstrukte „reiner" Formen des sozialen Handelns.[12]

Die Idealtypen unterteilt er in traditionales, affektuelles, wertrationales und zweckrationales Handeln. Unter traditionalem Handeln versteht Weber Handlungen des Sich-Verhaltens die gewohnheitsmäßig stattfinden ohne sie zu hinterfragen, sondern weil sie immer schon so durchgeführt wurden.[13] Ein Beispiel dafür ist, das sich Zuprosten in gesellschaftlichen Runden.

Ähnlich wie das traditionelle Handeln wird auch das affektuelle Handeln nicht hinterfragt, stattdessen beruht dieser Typ des Handels auf Affekten und Emotionen. Weber beschreibt: „ Affektuell handelt, wer sein Bedürfnis nach aktueller Rache, aktuellem Genuß, aktueller Hingabe, aktueller kontemplativer Seligkeit oder nach Abreaktion aktueller Affekte (gleichviel wie massiver oder oder wie sublimer Art) befriedigt.[14] Affektuelles Handeln, kann somit bei einem Streit, zum Beispiel zwischen Schülern, beobachtet werden.

Im Gegensatz zu traditionalem und affektuellem Handeln beruht wertrationales Handeln auf bewusst durchgeführte Tätigkeiten. Des Weiteren ist wertrationales Handeln dadurch geprägt, dass der Handelnde seinen Überzeugungen nach agiert und sich sicher ist, dass sein Handeln einen Wert hat. Diese Überzeugungen können einen ethischen, ästhetischen oder auch religiösen Hintergrund haben. Diese Überzeugungen sind unabhängig von Erfolg zu betrachten.[15]

Auch die vierte Handlungsform, das zweckrationale Handeln, beruht auf den bewussten Entscheidungen des Handelnden. Max Weber's Definition dazu lautet wie folgt: „Zweckrational handelt, wer sein Handeln nach Zweck, Mitteln und Nebenfolgen orientiert und dabei sowohl die Mittel gegen die Zwecke, wie die Zwecke gegen die Nebenfolgen, wie endlich auch die verschiedenen möglichen Zwecke gegeneinander rational *abwägt.*" [16] (Im Original hervorgehoben). So wäre zweckrationales Handeln gegeben, wenn sich eine Person ein Auto kaufen möchte und nun abwägt ob es ein E-Auto oder doch ein Verbrenner sein soll, ob das

---

[11] Giddens (1999), S. 639.
[12] Abels (2001), S. 130.
[13] Pries (2019), S. 66.
[14] Weber (1984), S.45.
[15] Vgl. Weber (1984), S.44.
[16] Weber (1984), S.45.

Auto ein Kombi, eine Limousine oder doch ein Kleinwagen werden soll. Erstellt sich die Person dafür einen Finanzplan, sind die Parameter für zweckrationales Handeln erfüllt.

Durch diese beschriebenen vier Idealtypen des sozialen Handelns, wird es möglich die Gründe des Handelnden zu erfassen und zu verstehen. Was nach Weber, wie oben schon ausgeführt, das Grundelement der Soziologie ist.

2. Soziale Gruppen im Sinne der Soziologie

In Aufgabe zwei wird erörtert, was die Soziologie unter sozialen Gruppen versteht. Außerdem werden die herausgearbeiteten Begriffe auf die soziale Gruppe der Schulklasse übertragenen und die Tätigkeit der IntegrationshelferInnen dargestellt.

2.1. Begriffsdefinitionen

Vor der Beantwortung der Aufgaben werden im folgenden Punkt einige wichtige Begriffe definiert um deutlich zu machen wovon gesprochen wird.

Soziale Gruppe: „Eine Gruppe ist ein soziales Gebilde, das überschaubar und von Dauer ist und eine Grenze nach außen hat. Die Mitglieder fühlen sich in irgendeiner Weise verbunden und verfolgen gemeinsame Ziele. Intern weist die Gruppe eine Struktur auf, die das gemeinsame Handeln bestimmt." [17] Von einer Gruppe spricht man des Weiteren wenn mindestens zwei Individuen diese Merkmale erfüllen. Aus Gründen der Einfachheit wird im Weiteren nur der Begriff Gruppe verwendet, dabei liegt allerdings die eben verwendete Definition zu Grunde. Ein weiterer Begriff der im folgenden vermehrt verwendet wird ist der, der IntegrationshelferInnen.

Integrationshelfer: „Die Integrationshelfer(innen) sollen Schülern(innen) mit sonderpädagogischen Förderbedarf beim Besuch der Allgemeinen Schule unterstützen und stellen somit einen wichtigen Baustein auf dem Weg zu „einer Schule für alle" dar."[18] Für den Beruf des Integrationshelfers gibt es verschiedenste Bezeichnungen zum Beispiel den Begriff des Schulbegleiters oder des Inklusionsassistenten. Wenn diese verwendet werden, sind sie als Synonyme zu betrachten.

Primärgruppe: Die Primärgruppe definiert Cooley folgendermaßen: „By primary groups I mean those characterized by intimate face-to-face association and cooperation. They are primary in

---

[17] Abels (2001), S. 270.
[18] Dworschak (2010), S.131.

several senses, but chiefly in that they are fundamental in forming the social nature and ideals of the individual.[19]

Sekundärgruppe: „Zeichnen sich dadurch aus, dass nur ganz bestimmte Interessen der einzelnen Gruppenmitglieder einfließen und ihre Bindung ausmachen und das eher sehr spezifische Rollen und Funktionen die Bindung der zur Organisation sichern."[20]

Rolle: Unter Rolle wird laut Joas ein „Bündel von Verhaltenserwartungen, Einstellungen, Verpflichtungen und Privilegien, die von jedem erwartet werden, der einen bestimmten Status innehat."[21] verstanden.

2.2. Kriterien für soziale Gruppen

Bereits im frühen Kindesalter wird der Mensch mit den verschiedensten Gruppen konfrontiert. Sei es die Krabbelgruppe, die Kindergartengruppe oder auch die Schulklasse. Wie Schimank in Joas Lehrbuch der Soziologie erwähnt, verknüpfen soziale Gruppen das private Leben mit der größeren Gesellschaft. Soziale Gruppen haben dabei die Aufgabe Sicherheit und Unterstützung zu bieten, Einstellungen und Verhaltensweisen zu formen sowie eine Ordnung zu geben, damit Aufgaben erfüllt werden können.[22]

In der Definition von Abels lassen sich vier Kriterien, die eine soziale Gruppe kennzeichnen, erfassen. Eines der Merkmale der sozialen Gruppe ist, dass sie sich auf gemeinsame Ziele und Werte beruft.

Aus diesen gemeinsamen Zielen und Werten entwickelt sich ein weiteres Merkmal, welches als Wir- Gefühl bezeichnet werden kann. Dieses Wir- Gefühl grenzt die Gruppe nach außen ab. Die Mitglieder bilden in ihrer Vorstellung eine Einheit, sie sind voneinander abhängig und unterscheiden sich wesentlich von anderen Individuen.[23]

Als drittes Merkmal sind die regelmäßigen Interaktionen zu nennen. Eine Gruppe kann als solche nur bestehen wenn die Mitglieder miteinander interagieren und kommunizieren.

Das letzte der vier Merkmale, die strukturierten Interaktionen, ordnen das Gruppengefüge. Jedes Mitglied der Gruppe hat einen bestimmten Status inne und übernimmt eine

---

[19] Cooley (1909), S.23.
[20] Pries (2019), S. 126-127.
[21] Schimank (2001), S.121.
[22] Vgl. Schimank (2001), S. 201.
[23] Vgl. Schimank (2001), S. 202.

zugewiesene Rolle, wobei weder der Status noch die Rolle offiziell geschaffen werden. Sie entwickeln sich informell und können neu ausgehandelt werden.[24]

2.3. Primär- und Sekundärgruppen

Wenn die beschriebenen Merkmale zutreffen, lassen sich verschiedene Gruppentypen unterscheiden. So gibt es neben den Primär- und Sekundärgruppen auch die peer group, die Eigen- und die Fremdgruppe oder auch die Bezugsgruppe.[25] Im folgenden wird näher darauf eingegangen was die Primär- und Sekundärgruppen charakterisiert. Diese Begriffe wurden von dem Soziologen Charles Horton Cooley geschaffen.

Primärgruppen sind nach Cooley fünf Eigenschaften zuzuschreiben. Diese sind die kontinuierliche persönliche Interaktion, starke persönliche Verschmelzung mit der Gruppe, starke Bande der Zuneigung zwischen den Gruppenmitgliedern, vielseitige Kontakte und die relativ lange Dauer.[26] Diese Eigenschaften angewandt, lassen sich die Familie, die Spielgruppe, die Nachbarschaft oder auch die Gemeinschaft der der Alten als Primärgruppen identifizieren.[27]

Im Gegensatz dazu weisen Sekundärgruppen begrenzte persönliche Interaktionen sowie schwache persönliche Verschmelzung mit der Gruppe auf. Außerdem sind die Bande der Zuneigung zwischen den Gruppenmitgliedern eher schwach ausgeprägt, die Kontakte bleiben begrenzt und oberflächlich während die Gruppe von relativ kurzer Dauer ist.[28] Bei der Unterscheidung von Primär- und Sekundärgruppen ist zu beachten, dass diese nicht so klar umrissen werden kann. Oftmals überschneiden sich die Merkmale der Gruppentypen.[29]

Als ein Beispiel für eine Sekundärgruppe kann die Schulklasse genannt werden. Auch hier ist es so, dass sich Merkmale wiederfinden, die eher der Primärgruppe zugeschrieben werden. In Schulklassen finden zum Beispiel konstante persönliche Interaktionen sowie vielseitige Kontakte statt. Auch der Faktor der langfristigen Dauer, welcher der Primärgruppen zugeschrien wird, kann man auf die Schulklasse übertragen, wenn man bedenkt, dass die Schüler in der Regel mehrere Jahre Teil ihrer Klassengruppe sind.

---

[24] Vgl. Schimank (2001), S. 202.
[25] Vgl. Abels (2001), S. 270.
[26] Vgl. Schimank (2001), S. 206.
[27] Vgl. Abels (2001), S. 272.
[28] Vgl. Schimank (2001), S. 207.
[29] Vgl. Schimank (2001),S.207.

2.4. Die Tätigkeit der Integrationshelfer in der Gruppe der Schulklasse

Besonders die Berufe im Bereich der sozialen Arbeit die viel mit Menschen interagieren, kommen auch mit den verschiedenen sozialen Gruppen in Kontakt. Während beispielsweise Familienhelfer in Familien und somit in Primärgruppen tätig sind, finden die Integrationshelfer ihr Betätigungsfeld eher in Schulklassen und somit in Sekundärgruppen. Ein Schüler hat ein Anrecht auf einen Integrationshelfer wenn eine Behinderung nach dem Sozialgesetzbuch (SGB) VIII oder eine wesentliche Behinderung nach dem SGB XII bzw. SGB IX vorliegt.[30]

Die Tätigkeiten der Integrationshelfer sind nicht klar zu umreißen, da sie individuell auf das Kind abgestimmt werden müssen. Dennoch gibt Rohrbach einen Überblick über die möglichen Aufgaben der Integrationshelfer. So kann die alltagspraktische Unterstützung, wie Materialien bereitstellen oder die Begleitung zur Toilette, ebenso zum Auftrag gehören wie die Förderung von bestimmten Kompetenzbereichen. Es kann außerdem nötig sein, den Lernenden zu motivieren und ihn bei Lern- und Arbeitsprozesse zu unterstützen. Auch die Unterstützung der Lehrkräfte oder die Erstellung von Materialien können in den Tätigkeitsbereich der Integrationshelfer fallen.[31]

Anhand dieser Tätigkeiten lässt sich ablesen, dass Integrationshelfer eng mit ihrem Schüler zusammenarbeiten. Neben den geschilderten Aufgaben, ist es auch die Aufgabe des Integrationshelfers der Schüler, trotz der Einschränkung(en) in die Klassengruppe zu integrieren. Wie Abels anmerkt, haben Gruppen die Macht ein Mitglied als Außenseiter zu definieren. Hat der Schüler einmal diese Rolle inne, ist es schwer aus dieser wieder herauszukommen.[32] Die Rolle der Schulbegleiter steht dabei in dem Spannungsverhältnis nah bei dem Schüler zu arbeiten damit dieser den Schultag gut meistern kann, gleichzeitig diesen aber nicht als da Kind mit Schulbegleitung zu stigmatisieren. Für die Schulbegleitung ist es demnach erstrebenswert für sich eine Rolle in der Klassengruppe finden.

3. OECD-Empfehlungen zur Integration von Flüchtlingen und sonstigen Schutzbedürftigen

In dieser Aufgabe werden die Empfehlungen der Organisation für wirtschaftliche Zusammenarbeit und Entwicklung (Organisation for Economic Co-operation and Development, kurz: OECD) zur Integration Flüchtlingen und sonstigen Schutzbedürftigen

---

[30] Vgl. Rohrbach (2020), S. 1368.
[31] Vgl. Rohrbach (2020), S. 1371-1372.
[32] Vgl. Abels (2001), S. 289.

dargestellt. Um einen besseren Überblick zu bekommen, wird beleuchtet was für eine Organisation die OECD, welche diese Studie veröffentlicht hat, ist.

Die OECD definiert Flüchtlinge und sonstige Schutzbedürftige als Menschen „deren Asylantrag stattgegeben wurde und denen die eine oder andere Form von Schutz gewährt wurde, sei es als anerkannter Flüchtling nach der Genfer Flüchtlingskonvention oder als Asylberechtigter nach dem deutschen Grundgesetz."[33] Außerdem umfasst die Definition auch Personen die als subsidiär Schutzberechtigte gelten. Unter diese Personengruppe zählen Menschen, die zwar nicht als Flüchtlinge anerkannt werden, denen aber ernsthafter Schaden drohen würde, würden sie in ihr Herkunftsland zurückgeschickt[34].

3.1. Geschichte der OECD

Am 16. April 1948 wurde die Vorgängerorganisation der OECD die Organisation für europäische wirtschaftliche Zusammenarbeit (Organisation for European Economic Cooperation, kurz: OEEC) gegründet. Ziel dieser Organisation war der Wiederaufbau des, durch den zweiten Weltkrieg zerstörten, Europas. Zunächst waren 18 Länder Mitglied der OEEC unter anderem: Österreich, Island, das Vereinigte Königreich sowie Westdeutschland (vertreten durch die jeweiligen Besatzungszonen).[35] Im September 1961 wurde aus der OEEC die OECD. Anfangs bestand die OECD aus den Mitgliedsländern der OEEC sowie aus den USA und Kanada.[36] Bis heute umfasst die Organisation 38 Mitgliedsstaaten auf der ganzen Welt. Als Aufgaben können die politische Expertise und Beratung genannt werden. Des Weiteren erfasst die OECD statistische Informationen und Dokumente. In jährlichen Berichten wird über die wirtschaftliche Lage und Entwicklung in den Mitgliedsländern informiert.[37]

3.2. Vorstellung der Studie

Die Jahre 2015 und 2106 stellten, was die Themen Flucht und Migration betraf, die Bundesrepublik Deutschland vor besondere Herausforderungen. Im Jahresbericht 2016 gibt das Bundesamt für Migration und Flüchtlinge (BAMF) an, dass 2015 insgesamt 476.649 Asylanträge gestellt wurden. Seit 1953 waren es ca. 4,6 Millionen Anträge.[38] Anhand dieser Gegenüberstellung wird das Ausmaß der Krise deutlich. Auf dieses Geschehen bezieht sich die im Jahr 2017 veröffentlichte Studie der OECD: „Nach der Flucht: Der Weg in die Arbeit. Arbeitsmarktintegration von Flüchtlingen in Deutschland". Zusammen mit dem

---

[33] OECD (2017), S.17.
[34] Vgl. OECD (2017), S.17.
[35] Vgl. OECD (2023).
[36] Vgl. OECD (2023).
[37] Vgl. Nohlen (2007), S.364.
[38] BAMF (2016), S. 10.

Bundesministerium für Arbeit und Soziales sowie dem Deutschen Industrie- und Handelskammertag (DIHK) führte die OECD bei deutschen Arbeitgebern eine Befragung durch um die Arbeitsmarktintegration von Asylbewerbern und Flüchtlingen zu erfassen.[39]

3.3. OECD- Empfehlungen und Begründungen

Die OECD gibt zehn Empfehlungen für die Integration von Flüchtlingen und anderen Schutzbedürftigen heraus.

Diese sowie die Begründungen aber auch Chancen und Grenzen der Empfehlungen werden im Folgenden dargestellt.

„Empfehlung 1: Humanitären Zuwanderern und Asylbewerbern mit hoher Bleibeperspektive so rasch wie möglich Aktivierungs- und Integrationsmaßnahmen anbieten." [40] Einer der wichtigsten Maßnahmen sind Sprachkurse. Je besser die Sprachkenntnisse, desto höher ist die Wahrscheinlichkeit für Flüchtlinge einen Arbeitsplatz zu finden. 80 % der befragten Arbeitgeber gaben an, dass sehr gute Sprachkenntnisse für hochqualifizierte Fachkräfte in ihrem Unternehmen erforderlich sind. Um geringqualifizierte Beschäftigungen ausführen zu können, so gaben es 50% der Befragten an, sind mindestens gute Deutschkenntnisse von Nöten. [41] Seit 2015 hat Deutschland verschiedenste Maßnahmen eingeführt um Asylbewerbern und Geduldeten gleich nach der Ankunft den Zugang zur Sprachförderung zu ermöglichen, zum Beispiel einen Integrationskurs welcher einen Sprachkurs von 600 Unterrichtseinheiten und einen Orientierungskurs von 100 Unterrichtseinheiten umfasst.[42] Die Bereitstellung dieser Kurse, die vom Bundesministerium des Inneren finanziert werden, stellte die Bundesrepublik jedoch vor Herausforderungen. Es fehlten zum Beispiel genügend qualifizierte Lehrkräfte für die Durchführung des Kurses.

Die zweite Empfehlung der OECD bezieht sich auf den Arbeitsmarktzugang für Asylbewerber mit hoher Bleibeperspektive, dieser soll erleichtert werden.[43] Aus älteren OECD Studien geht hervor, je früher Flüchtlinge in den Arbeitsmarkt eintreten, desto besser sind ihre Chancen für eine langfristige Integration.[44] „Bereits 2014 verkürzte die Bundesregierung die Wartefristen für den Arbeitsmarktzugang von Asylbewerbern und und Geduldeten von 9 bzw. 12 Monaten auf 3 Monate nach Asylantragstellung für beide Gruppen."[45] Der Arbeitsmarkteintritt ist in Deutschland jedoch mit einigen bürokratischen Hürden verbunden. Für verschiedene Gruppen

---

[39] Vgl. OECD (2017), S. 33.
[40] OEDC (2017), S.37.
[41] Vgl. OECD (2017), S. 38.
[42] Vgl. OECD (2017), S. 39.
[43] Vgl. OECD (2017), S. 37.
[44] Vgl. OECD (2017), S. 44.
[45] OECD (2017), S. 45.

von Asylbewerbern gelten unterschiedliche Zugangsvoraussetzungen. Auch für den Arbeitgeber bestehen bestimmte Auflagen wenn sie einen Asylbewerber einstellen möchten zu diesen zählen unter anderem Wartefristen und Arbeitsmarktprüfungen.[46] Für Asylbewerber die eine Ausbildung in Deutschland machen, wurde die sogenannte „3 plus 2 Regel" ins Leben gerufen. Diese besagt, dass sie während die Ausbildung absolvieren, nicht abgeschoben werden dürfen. Außerdem können sie zwei weitere Jahre in Deutschland bleiben wenn sie unmittelbar nach Beendigung ihrer Ausbildung eine Stelle finden.[47] Diese Regelung kommt nicht nur den Auszubildenden, sondern auch den Arbeitgebern zu gute, da es beiden Seiten eine gewisse Sicherheit verschafft. Ist diese Sicherheit nicht gegeben, kann der Arbeitsmarktzugang für Migranten eingeschränkt sein, da Arbeitgeber möglicherweise nicht bereit sind Personen einzustellen, von denen nicht klar ist wie lange diese noch in Deutschland bleiben dürfen.[48]

In der dritten Empfehlung spricht sich die OECD dafür aus, dass Beschäftigungsaussichten bei der Verteilung berücksichtigt werden.[49] Die Verteilung von Asylbewerbern, auf die Bundesländer, erfolgt in Deutschland nach dem „Königsteiner Schlüssel". Das bedeutet, dass die Steuereinnahmen zu zwei Drittel und die Bevölkerungszahl zu einem Drittel in die Verteilungsberechnung einbezogen werden.[50] In der Studie wird angemerkt, dass eine Wohnsitzzuweisung in eine Kommune mit wenig Beschäftigungs- oder Integrationschancen langfristige Folgen für die Asylbewerber haben kann.[51]

An vierter Stelle empfiehlt die OECD, dass die im Ausland erworbene Qualifikationen, berufliche Erfahrungen und Kompetenzen von humanitären Zuwanderern erfasst und beurteilt werden sollten.[52] Der Relevanz von Qualifikationen und deren Anerkennung wurde in Deutschland bereits 2012 in Form des Anerkennungsgesetztes Rechnung getragen. Um Abschlüsse und Qualifikationen angerechnet zu bekommen müssen Zuwanderer Nachweise vorlegen, was allerdings aufgrund ihrer Fluchtsituation nicht immer möglich ist.[53] In einer Studie aus dem Jahr 2016 konnte die OECD nachweisen, dass fehlende Qualifikationsnachweise, mangelnde Sprachkenntnisse sowie die nicht Gleichgewichtung von Bildungsabschlüssen führen dazu, dass Flüchtlinge häufiger Arbeiten ausführen für die sie überqualifiziert sind.[54] Um dies zu verhindern hat Norwegen ein Instrument zur

---

[46] Vgl. OECD (2017), S. 44.
[47] Vgl. OECD (2017), S. 47.
[48] Vgl. OECD (2017), S. 47.
[49] Vgl. OECD (2017), S. 37.
[50] Vgl. OECD (2017), S. 48-49.
[51] Vgl. OECD (2017), S. 50.
[52] Vgl. OECD (2017), S. 37.
[53] Vgl. OECD (2017), S. 52.
[54] Vgl. OECD (2017), S. 52.

Selbsteinschätzung von Flüchtlingen eingeführt. Durch verschiedene Fragen, die an das Bildungsniveau des jeweiligen Teilnehmers angepasst sind, werden neben Sprachkenntnissen auch die schulische Bildung, Berufserfahrung und Interessen aber auch Informationen über die Familie sowie das Netzwerk in Norwegen erfasst.[55] Zwar gibt es auch in Deutschland verschiedene Pilotprojekte rund um das Thema Qualifikation von Zuwanderern allerdings erreichen sie nur einen kleinen Teil der Betroffenen.

Die Berücksichtigung der zunehmenden Heterogenität humanitärer Zuwanderer sowie die Entwicklung bedarfsgerechter Ansätze ist die fünfte Empfehlung in dieser Studie.[56] 2016 gab es in Deutschland bereits auf unterschiedliche Gruppen der Zuwanderer ausgerichtete Kurse. Neben Alphabetisierungskursen die von 17% der Zuwanderer besucht wurden, Kurse für junge Erwachsene die 5% besuchten, Eltern,- bzw. Frauenintegrationskurse die von 3% besucht wurden, gab es ebenfalls das Angebot an Intensivkursen für schnell lernende Zuwanderer teil zu nehmen. Dies nahmen allerdings nur 1% in Anspruch.[57] Die Zahlen machen deutlich, dass das Angebot an Integrationskursen besonders für Frauen und junge Erwachsene noch ausbaufähig ist.

An sechster Stelle empfiehlt die Organisation für wirtschaftliche Zusammenarbeit und Entwicklung, dass psychische und physische Erkrankungen nicht nur frühzeitig erkannt sondern auch geeignete Hilfen angeboten werden.[58] Zu dieser Empfehlung gibt die OECD keine weitere Begründung an.

Die Entwicklung von Unterstützungsprogrammen für unbegleitete Minderjährige, die bei ihrer Ankunft nicht mehr im schulpflichtigen Alter sind, wird im siebten Punkt empfohlen.[59] Laut OECD wurden von 2015 bis 2016 50.000 Asylanträge von unbegleiteten Minderjährigen gestellt. Damit stellen sie nicht nur eine besonders große sondern auch gefährdete Gruppe dar die besondere Maßnahmen zur Integration aber auch zum Schutz benötigt.[60] Unbegleitete Minderjährige können in Deutschland selber keinen Antrag auf Asyl stellen. Dafür benötigen sie einen Vormund, die Bestellung eines solchen dauert mindestens einen Monat und ein Vormund kann für bis zu 50 Minderjährige zuständig sein.[61] Die OECD empfiehlt neben der Reduzierung der Fallzahlen für die Vormünder auch die Verlängerung der Fördermaßnahmen über den 18. Geburtstag hinaus. Der Großteil der unbegleiteten Minderjährigen kommen nur kurz vorher nach Deutschland weshalb sie die Förder- und Integrationsmaßnahmen nur einen

---

[55] Vgl. OECD (2017), S. 53.
[56] Vgl. OECD (2017), S. 37.
[57] Vgl. OECD (2017), S. 57.
[58] Vgl. OECD (2017), S. 37.
[59] Vgl. OECD (2017), S. 37.
[60] Vgl. OECD (2017), S. 62.
[61] Vgl. OECD (2017), S. 63.

begrenzten Zeitraum in Anspruch können. Der OECD nach könnte es effizient sein, die Umverteilung der Minderjährigen auf einzelne Großstädte zu vermeiden, stattdessen Förderstrukturen in einer größeren Anzahl von Kommunen aufzubauen aber nicht alle Kommunen in die Umverteilung mit einzubeziehen. [62]

Empfehlung Acht bezieht sich auf die Zivilgesellschaft, diese soll in die Integration humanitärer Zuwanderer einbezogen werden. [63] Die Flüchtlingskrise hat Deutschland im Jahr 2015 unerwartet stark getroffen. Das Engagement der Zivilgesellschaft hat es möglich gemacht Engpässe zum Beispiel bei Sprachkursen entgegen zu wirken. 50% der Arbeitgeber gaben an, dass die Flüchtlinge oder Asylbewerber die sie eingestellt hatten einen Sprach- oder Integrationskurs besucht hatten der von der Zivilgesellschaft oder den Industrie- und Handelskammern organisiert wurden. [64] Weitere erwähnenswerte Initiativen sind Internetplattformen, die von Startups gegründet wurden, auf denen der Kontakt von Flüchtlingen und Asylbewerbern hergestellt wurde. [65] Die OECD bezeichnet dieses Engagement als von entscheidender Bedeutung, auch wenn es staatlich geförderte Integrationsmaßnahmen dadurch nicht ersetzt werden können.[66]

Im nächsten Punkt wird empfohlen, den gleichen Zugang zu Integrationsleistungen für humanitäre Zuwanderer im ganzen Land zu fördern. [67] Wie schon in den verschiednen Empfehlungen zuvor erwähnt, erschwert der in Deutschland herrschende Föderalismus die Zusammenarbeit der unterschiedlichen Institutionen. Auch, dass sowohl die Bundesagentur für Arbeit (BA) wie auch das Jobcenter für die Arbeitsmarktintegration zuständig ist, sorgt teilweise für Schwierigkeiten. Des Weiteren sieht die OECD Verbesserungsbedarf hinsichtlich der Koordinierung der Sprachförderung, Sprachkurse die die Arbeitsmarktintegration fördern sollten keine isolierte Maßnahme darstellen. [68]

Die zehnte und letzte Empfehlung besagt, dass der Tatsache Rechnung getragen werden soll, dass die Integration von sehr gering qualifizierten humanitären Zuwanderern langfristige Schulungs- und Fördermaßnahmen erfordert.[69]

Die dargestellten Empfehlungen der OECD, zeigen auf, dass Länder wie Deutschland durch die starke Zuwanderung zwar vor große Herausforderungen gestellt werden, sich aber auch Chancen für diese Länder ergeben. Es wird davon ausgegangen, dass ein Großteil der

---

[62] Vgl. OECD (2017), S. 65.
[63] Vgl. OECD (2017), S. 37.
[64] Vgl. OECD (2017), S. 65.
[65] Vgl. OECD (2017), S. 66.
[66] Vgl. OECD (2017), S. 66.
[67] Vgl. OECD (2017), S. 37.
[68] Vgl. OECD (2017), S. 68.
[69] Vgl. OECD (2017), S. 37.

international Schutzberechtigten voraussichtlich nicht in naher Zukunft in ihre Herkunftsländer zurückkehren werden, weshalb ihre Integration als Investition angesehen werden sollte.[70] So kann durch eine gute Arbeitsmarktintegration dem, in Deutschland vorherrschenden Fachkräftemangel entgegengewirkt werden. Wie es in dieser Studie schon erwähnt wurde, ist dies als gesamtgesellschaftliche Aufgabe zu verstehen. Wie die aktuelle Ukraine Krise zeigt werden sich die Länder der Europäischen Union auch in Zukunft auf Zuwanderungen einstellen müssen.

Literaturverzeichnis

Abels, H. (2001), Einführung in die Soziologie. Band 2: Die Individuen in ihrer Gesellschaft. Wiesbaden.

Bundesamt für Migration und Flüchtlinge (2016), Das Bundesamt in Zahlen 2015 Asyl, Migration und Integration, https://www.bamf.de/SharedDocs/Anlagen/DE/Statistik/BundesamtinZahlen/bundesa mt-in-zahlen-2015.pdf. Abgerufen am 10. Juni 2023

Cooley, C. H. (1909), Social organization. A study of the larger mind. New York. https://archive.org/details/socialorganizati00cool/page/n6/mode/1up

Dworschak, W. (2010), Schulbegleiter, Integrationshelfer, Schulassistent?. Teilhabe, 49. Jg., Nr.3, S. 131-135. https://www.uni-regensburg.de/assets/humanwissenschaften/geistigbehindertenpaedagogik/pdfdatei n/dworschak-2010-begriff-schulbegleitung.pdf

Giddens, A. (1999), Soziologie. 2., überarbeitet Auflage Graz, Wien.

Nohlen, D. (2008), OECD. In: Nohlen, D. (Hrsg.), Kleines Lexikon der Politik, Bonn, S. 363-364.

OECD (2017), Nach der Flucht: Der Weg in die Arbeit. Arbeitsmarktintegration von Flüchtlingen in Deutschland, PDF

OECD (2023), Die Organisation für europäische wirtschaftliche Zusammenarbeit (OEEC) https://www.oecd.org/ueber-uns/dieorganisationfureuropaischewirtschaftlichezusammenarbeitoeec.htm Abgerufen am 10. Juni 2023

---

[70] Vgl. OECD (2017), S. 12.

Pries, L. (2019): Soziologie. Schlüsselbegriffe, Herangehensweisen, Perspektiven. 4. überarbeitete Auflage. Weinheim, Basel.

Rohrbach, A. (2020): Integrationshelfer*innen. In: Bollweg, P. (Hrsg.), Handbuch Ganztagsbildung. 2. aktualisierte und erweiterte Auflage. Wiesbaden, S. 1365-1376.

Schimank, U. (2001): Gruppen und Organisationen. In: Joas, H. (Hrsg.), Lehrbuch der Soziologie. Studienausgabe. Frankfurt/Main.

Weber, M. (1984): Soziologische Grundbegriffe, 6. erneut durchgesehene Auflage, Tübingen

Weber, M. (2012): Wirtschaft und Gesellschaft (E-Book). Altenmünster.